OBSERVATIONS

sur la demande en licitation

DU CHALET DE FROMAGERIE DES ESSARTS,

Commune de Chatelblanc.

OBSERVATIONS

SUR LA DEMANDE EN LICITATION

DU

CHALET DE FROMAGERIE DES ESSARTS,

COMMUNE DE CHATELBLANC,

ET

COMPARAISON

DES CLAUSES DES ANCIENS RÉGLEMENTS

AVEC CELLES DU NOUVEAU.

§ 1.

Les fromageries constituent, dans les montagnes des départements du Doubs et du Jura, la principale source, non de richesse, mais de la médiocre aisance de ce pays ; elles résultent de la nécessité, puisque les habitants ne peuvent exploiter d'une autre manière les vastes étendues de terrains pour ainsi dire improductifs qui s'y trouvent, qu'en les livrant au parcours. C'est ce besoin impérieux qui a donné naissance à ces associations d'une nature spéciale ; mais comme elles ne sont soumises à aucune loi particulière, et que les dispositions de nos codes ne peuvent leur être appliquées sans en étendre la signification et en dénaturer le véritable esprit, il en résulte de nombreuses contestations, qu'il serait cependant facile de prévenir par des réglements précis, que le législateur établirait pour concilier l'intérêt des membres de ces associations avec l'espèce de con-

1850

trat qu'elles ont pour objet, et la nature exceptionnelle des propriétés qui y donnent naissance.

Ces agrégations ne présentent point le caractère des sociétés libres, puisque ce n'est pas volontairement qu'elles se forment, mais qu'elles sont pour ainsi dire nécessaires et forcées. Elles ne peuvent être considérées comme de véritables sociétés : car il n'y a ni mise en commun de quelque chose, pour partager le bénéfice qui en résultera, ni souvent de traité qui détermine la durée de l'association, la part de chaque associé dans les profits et les pertes, le concours des sociétaires à l'administration de la chose commune, en un mot, qu'on n'y voit pas des obligations réciproques et les principes constitutifs de la convention qui serait stipulée. Ce lait apporté par chaque habitant de la circonscription d'une fromagerie, continue à lui appartenir, et il n'y a que prêt à l'égard de celui que les autres agrégés y versent pour fabriquer le fromage, puisque la personne dans l'intérêt de laquelle on le confectionne, doit le rendre ensuite à ceux qui le lui ont avancé. Ces associations ne sont donc fondées, comme on l'a dit, que sur un usage de prêts successifs et mutuels, et de remboursements.

Ce qui prouve mieux encore qu'une association de fromagerie ne constitue pas une société civile ou commerciale, c'est que les fromages n'appartiennent pas indivisément à ceux qui en font partie, mais restent la propriété exclusive de chacun d'entre eux, proportionnellement à la quantité de lait qu'il a fournie. Les agrégés fabriquent donc pour leur propre compte, et non pour l'être moral qui constituerait la société. Seulement, comme il y a des dépenses et des frais à faire pour la fabrication des fromages, il est juste qu'ils en payent leur part.

L'auteur d'un mémoire sur la même matière que celle que nous traitons, a prévu une objection qui pouvait être faite contre la demande d'une législation spéciale pour réglementer les associations de fromageries, et il l'a résolue avec facilité :
« On opposera, dit-il, que les fromageries n'existent que dans
» quelques localités, et que, n'ayant pas un but d'intérêt géné-
» ral, elles ne doivent pas être régies par des dispositions par-
» ticulières; mais ces associations étant le produit principal des
» montagnes, et les pâturages formant la partie la plus consi-

» dérable du sol, ce qui tient à leur organisation devrait être
» l'objet de la sollicitude de l'administration supérieure. La vé-
» rité est qu'elles ne sont organisées, dans chaque commune, que
» sous la direction de *quelques personnes influentes*, et qu'elles
» peuvent *arbitrairement admettre ou rejeter* celui qui demande
» à en faire partie, et, ce qui est plus étonnant encore, mainte-
» tenir ou *expulser sans raison celui qui précédemment en au-
» rait fait partie*. Ces admissions ou ces exclusions sont abu-
» sives, contraires à l'intérêt public, et portent atteinte au droit
» de propriété, puisqu'elles peuvent avoir pour résultat de faire
» expulser des fermiers étrangers ou de ruiner les propriétaires;
» car si ces individus influents s'entendaient pour amodier à
» vil prix ou pour ruiner tel propriétaire, cela leur serait facile. »

Cette réponse est victorieuse, et elle a d'autant plus d'autorité qu'elle émane d'un homme qui habite les montagnes, à qui
une longue expérience et des exemples fréquents ont fait connaître tout ce que l'absence de réglements, en matière d'associations de fromageries, peut entraîner d'abus et d'injustices.

Le même auteur continue : « Si les associations de fromage-
» ries sont des sociétés libres et indépendantes des lois, celui
» qui sera expulsé, sans motifs, n'aura aucune action pour ob-
» tenir justice, et il perdra son droit au parcours commun, ou
» il n'en pourra profiter ; car s'il n'est pas admis dans l'asso-
» ciation, l'usage de ce parcours lui est inutile, et il est frappé
» de proscription ; il est victime d'une *mesure arbitraire* qui a
» pour résultat son déshonneur, une tache à sa réputation et sa
» ruine ; car le public croira toujours qu'il a mérité la peine
» qu'on lui a imposée, tandis qu'il n'aura été écarté que pour
» *avoir déplu aux directeurs arbitraires* de la fromagerie. De là
» naissent des haines, des récriminations qui passent aux en-
» fants. »

» Ainsi, le propriétaire d'une ferme isolée, qui ne peut pas
» fabriquer seul des fromages, ne pourra porter son lait à la
» fromagerie la plus rapprochée, et sera forcé de le faire ad-
» mettre dans une autre plus éloignée, ou bien il sera privé du
» droit de mêler son lait, dont il devra disposer d'une manière
» moins profitable pour lui, ce qui est contraire à l'intérêt de
» l'agriculture.

» L'administration des fromageries, abandonnée à *l'arbitraire*
» *et à la direction des riches*, est une source intarissable de pro-
» cès, de difficultés et de contestations ; des scissions ont lieu
» entre les associés, et les fromageries ne sont plus assez fortes
» pour donner de bons produits. La vente des fromages amène
» sans cesse des procès ; car si la hausse survient depuis la vente,
» on la conteste de la part de ceux qui croient n'être pas liés ;
» s'il n'y a pas de traité et qu'il y ait baisse, l'acheteur refuse
» les fromages, parce que tous les associés n'ont pas signé. Cela
» n'arriverait pas si les associés qui administrent étaient léga-
» lement et authentiquement constitués, et que les marchés
» eussent le même caractère. D'un autre côté, les marchands
» ne payant pas comptant, peuvent, entre la livraison et le paie-
» ment, devenir insolvables; et comme ils ne payent jamais que
» des à-comptes, ceux qui n'ont pas signé peuvent attaquer la
» vente. S'il y avait des réglements positifs et invariables, com-
» bien de procès écartés, quelles désunions et quelles discordes
» on éviterait, et que de frais épargnés. Une loi est donc néces-
» saire pour mettre un terme à des désordres affligeants et insé-
» parables de l'état actuel des choses, si contraires à la tranquil-
» lité, au bonheur et à l'union des habitants des montagnes.
» Ces désordres peuvent d'autant plus se multiplier, qu'il suffi-
» rait d'un ou de deux *individus tracassiers*, dans chaque com-
» mune, pour y mettre la désunion (1). »

Il serait difficile d'ajouter à un tableau si ressemblant de ce qui se passe dans beaucoup de communes, et des inconvénients graves qui résultent de l'incertitude qui règne dans la législation et la jurisprudence en matière d'associations fromagères; mais nous allons citer un nouvel exemple de ces difficultés dont la source est intarissable ; car, dans quelle agrégation ne se trouve-t-il pas de ces individus *tracassiers*, orgueilleux et qui se croient capables de conduire leurs associés au gré de leurs caprices et de leurs passions ?

L'usage constant dans les montagnes a été, à toutes les époques, de vendre séparément les fromages d'hiver ou les *tommes*,

(1) Mémoires de la Société d'agriculture du Doubs, 1859, page 58, 2ᵉ partie.

et ceux d'été. Si des ventes en bloc, et pour un même prix, de ces deux espèces, avaient eu lieu, les sociétaires n'auraient pas hésité de s'opposer à ces aliénations insolites, puisqu'il en serait résulté non-seulement un discrédit pour les fromageries des communes où une pareille vente se serait effectuée, mais encore une inégalité aussi choquante qu'injuste dans la répartition de la valeur de leurs produits ; car deux agrégés ne pouvant avoir chacun une égale quantité de chaque espèce de ces fromages, il est nécessaire que, par des ventes distinctes, leurs intérêts soient ménagés. Aussi, loin de permetre celles en bloc, tous les réglements particuliers des fromageries, quand il en existe, contiennent la défense expresse de procéder à de pareilles ventes. Mais depuis quelques années la cupidité a fait de si rapides progrès, l'égoïsme s'est tellement généralisé, que ceux-là mêmes qui devraient être moins dominés par ces odieuses passions, ont cherché à se soustraire à leurs propres engagements, sous le prétexte qu'ils n'avaient fait que céder à l'empire des circonstances; mais leur but était trop évident pour qu'on pût se méprendre.

Une vente pareille a eu lieu, au printemps de 1848, dans la fromagerie des Essarts, hameau de la commune de Châtelblanc, canton de Mouthe, où, par un motif apparent de nécessité, on a fait comprendre dans la même vente, malgré la disposition formelle d'une délibération signée de tous les associés, des fromages d'hiver qui ne valaient pas 25 fr. les 50 kilog., et des fromages d'été qui se seraient vendus seuls plus de 45 fr. Comme il est d'un intérêt général qu'à l'avenir une pareille injustice ne puisse se renouveler, nous venons signaler à la censure publique un fait aussi condamnable, afin que désormais chacun puisse se prémunir contre les entreprises de certains sociétaires, toujours disposés à s'emparer de la direction des intérêts des associations de fromageries ; soit parce que les petits propriétaires et fermiers n'ont pas le courage de résister aux abus d'autorité continuels dont certains administrateurs cherchent adroitement à dissimuler les conséquences ; soit parce qu'ils tâchent de présenter, d'une manière insidieuse, des motifs propres à entraîner l'opinion de la majorité, qu'on ne parvient souvent à former que parce que les *gros* propriétaires savent mettre les petits dans leur dépendance, en s'en faisant des débiteurs ou des obligés, sans compromettre leurs intérêts.

Cette vente extraordinaire n'a pas été, au surplus, la seule contravention qu'on pût reprocher aux *personnes influentes*, ou qui se croient telles, ni la seule atteinte portée à des réglements obligatoires pour tous les agrégés, et dont les syndics devaient plus strictement encore surveiller l'exécution.

1° Trois sociétaires avaient été successivement convaincus d'avoir mis de l'eau dans le lait qu'ils avaient apporté à la fromagerie : les délibérations qui faisaient la loi aux sociétaires, prononçaient d'une manière formelle leur exclusion ; mais au lieu de donner, dans cette circonstance, un exemple de sévérité suffisant pour empêcher le retour d'une pareille fraude, on n'a infligé à ces gens indélicats qu'une légère amende, ou bien peut-être a-t-on laissé impunis des faits aussi coupables.

2° D'autres associés ayant acquis des terres depuis la rédaction d'un traité dont nous parlerons bientôt, avaient, par ce moyen, augmenté le nombre des vaches qu'ils tenaient d'abord sur leurs propriétés, et, comme ils n'avaient concouru aux dépenses de construction d'un chalet établi en 1840, à frais communs, pour la fromagerie des Essarts, que dans la proportion des terres qu'ils possédaient à cette époque, et des vaches qu'ils pouvaient y entretenir, il était d'une justice exacte que ces acquéreurs ne profitassent pas de cette augmentation de produits en lait et en fromages, pour l'excédant du nombre de vaches qu'ils pouvaient avoir à raison de leurs nouvelles propriétés, sans acquitter le droit imposé, par une délibération du 9 novembre 1843, à de nouveaux agrégés. En équité, ils devaient être considérés comme tels, relativement aux terres acquises depuis 1840 ; car autrement, ils se serviraient du chalet sans rien payer pour tout le surplus de leurs produits en fromages. Néanmoins, on est autorisé à penser qu'ils ont été affranchis de la taxe de 4 fr. par 100 kilog., qu'il était évidemment dans l'esprit comme dans le texte de la délibération de 1843 et du traité de 1840, de leur faire supporter, quant à cet excédant de revenu qu'ils s'étaient procuré.

Ces contraventions flagrantes aux délibérations prises et obligatoires pour tous les associés, cette inobservation réitérée des clauses protectrices des droits et des intérêts des sociétaires, ont déterminé les auteurs de ces observations, réunis alors au plus grand nombre des agrégés, à prendre les mesures convenables pour empêcher que de semblables infractions ne pussent se renouveler; mais avant d'en rendre compte, nous devons faire connaître les principales dispositions du traité de 1840, pour que l'on soit en état de mieux apprécier toute la justice de notre cause.

Par acte reçu Jouffroy, notaire à Mouthe, le 17 juin 1840, les propriétaires des terres situées dans les hameaux des Essarts, des Charbonnières, la Vernouge, le Petit-Pré, et ceux des fermes voisines, se sont réunis pour bâtir à frais communs un chalet de fromagerie, afin, porte le préambule de cet acte, *de tirer parti avec avantage du lait que fournissent leurs bestiaux attachés à la culture de leurs propriétés situées dans ces diverses localités... obligeant avec eux-mêmes leurs ayant-droit et cause solidairement.* Ce traité fixe les bases et conditions qui devaient régir l'association, et, reconnaissant d'avance que celles qui y étaient insérées n'avaient pu tout prévoir, parce que bientôt l'expérience devait leur démontrer ce qu'elles avaient d'insuffisant et d'incomplet, il fut statué par l'article 7, *que les sociétaires pourraient prendre toutes délibérations pour lesquelles ils se réservaient d'augmenter ou de changer les conditions qui précèdent, et que ces délibérations deviendraient exécutoires et auraient la même force que les présentes.*

En exécution de cet article, plusieurs délibérations sont intervenues entre les agrégés, et elles ont ajouté de nouvelles clauses à celles comprises dans la convention de 1840; celle du 19 avril 1846 renferme, dans l'article 4, une disposition importante, qui a été renouvelée plusieurs fois depuis; disposition qui, au surplus, n'était que la reconnaissance de l'usage établi depuis que les fromageries existent, savoir: *qu'il y aurait chaque année deux ventes de fromages, la première comprenant ceux faits pendant la saison d'hiver, et la seconde, ceux fabriqués depuis le 1ᵉʳ juin au 30 novembre de chaque année.*

C'est néanmoins au mépris d'une clause aussi formelle qu'on a vendu en bloc et pour le même prix, au printemps de 1848, non-seulement les fromages fabriqués pendant l'hiver précédent, mais encore ceux qui devaient l'être pendant l'été. Toutefois, pour être autorisés à procéder à cette vente, il avait fallu obtenir le consentement de la majorité des sociétaires ; aussi les gros (les plus riches, parmi eux, se qualifient eux-mêmes ainsi,) prétendirent que le marchand qui s'était présenté pour acheter les fromages, ne voulait pas établir de différence de prix entre ceux d'hiver et ceux d'été ; qu'il entendait les acheter en même temps et pour le même prix. Si cela eût été vrai, on l'aurait fait parler ainsi à dessein. Ils ajoutèrent que les fromages d'hiver pouvant se gâter, il était préférable de perdre sur ceux qui seraient confectionnés pendant l'été plutôt que sur ceux qui l'avaient été en hiver, parce que, disaient-ils, l'apparence des premiers, dont quelques-uns étaient déjà fabriqués, semblait alors peu satisfaisante, et que s'ils n'étaient pas de bonne qualité, ainsi qu'on pouvait le craindre, on s'exposait, en les vendant séparément, à décrier la fromagerie. Ces raisons, données pour disposer les sociétaires à consentir à une vente en bloc, n'étaient pas l'expression de la vérité, et ont servi seulement de prétexte ; car il est certain que les fromages d'hiver étaient de mauvaise qualité, et devaient subir une grande diminution. Le véritable motif de cette vente insolite que l'on avait proposée, était, au contraire, que certains sociétaires ayant une plus grande quantité de fromages d'hiver que d'autres qui n'en avaient que peu ou point, craignaient de perdre davantage si les fromages d'hiver étaient vendus séparément, tandis qu'ils ne pouvaient que gagner si l'on réunissait les fromages d'hiver et d'été pour en faire l'objet d'une vente unique. Au reste, on ne persuadera à personne qu'un marchand, quelque facile qu'on le suppose, n'entende pas assez son intérêt pour exiger qu'on comprenne dans la même vente les fromages d'hiver, sachant qu'ils étaient dépréciés ; il est évident qu'il aurait préféré n'acheter que les fromages d'été : car la chance alors eût été plus favorable pour lui, puisque ce produit est en général meilleur pendant cette saison, et qu'elle ne faisait que de commencer ; il était donc plus naturel de vendre chaque espèce de fromages suivant sa valeur relative, au lieu de forcer l'acheteur à n'établir qu'un seul prix pour les deux qualités de fromages ; ou bien il fallait, si l'on voulait ménager les intérêts

de chacun, décider que les sociétaires disposeraient de leurs fromages d'hiver ainsi qu'ils l'entendraient, plutôt que de réunir ceux qui étaient reconnus mauvais à ceux de la bonne saison, ce qui devait contribuer d'une manière bien plus certaine à déprécier la fromagerie. D'ailleurs, puisque les tommes (fromages d'hiver) avaient été mal confectionnées, pourquoi faire porter la perte sur ceux qui n'existaient pas encore ? Cela ne peut évidemment s'expliquer que par des motifs d'intérêt personnel qui dirigeaient certains associés. Aussi, ce qui est certain, et on doit le dire, la vente en bloc et pour un seul prix ne fut adoptée que sous la condition expresse et qui seule a déterminé la majorité des associés, que les propriétaires ou fermiers qui auraient moins de fromages d'hiver que de ceux fabriqués en été, ou qui n'auraient pas des premiers, recevraient une indemnité proportionnée à la différence de valeur de ces deux espèces de produits, qui devaient s'apprécier ultérieurement; mais il n'a pas été possible de faire délibérer les sociétaires sur cette fixation, parce que l'on a sans cesse éludé la question. Ce procédé avait mis le comble à l'injustice, et ne laissait pas de doutes sur l'intention évidente de la part des riches de se rendre maîtres exclusifs des ventes, d'imposer leur volonté sans vouloir exécuter la clause expresse de la délibération de 1846, afin de diriger arbitrairement une association qui ne peut subsister qu'en se conformant à des conditions loyalement stipulées, et qui sont les véritables garanties des sociétaires; il fallait donc la soustraire à de pareilles conséquences, et ce fut dans ce but que l'on proposa d'abord aux associés de signer un engagement ainsi conçu : « Pour prévenir de nouvelles
» difficultés dans la vente des fromages, il est convenu entre
» les associés soussignés, qu'il ne pourra être vendu ni livré
» en bloc des fromages d'hiver et d'été, qu'autant que tous les
» intéressés, sans exception, seront d'accord sur le montant
» de la diminution que devront supporter les tommes comparativement aux fromages d'été; ainsi leur vente aura lieu séparément, et suivant la valeur respective de chacun d'eux en
» particulier, et, sous aucun prétexte, il n'en pourra être autrement. »

Cette clause n'était que le renouvellement de l'article 4 de la délibération du 19 août 1846, qui prescrivait de vendre à part chaque espèce de fromages qu'il désignait ; et si les associés eussent voulu terminer toute discussion en se conformant aux principes d'une stricte justice, ils n'auraient pas hésité de signer un pareil engagement, qui ne fut cependant adopté que par douze d'entre eux.

Le 15 mars 1849, ces derniers, par un acte synallagmatique, enregistré le 29 du même mois, promirent de ne point adhérer à d'autre traité qu'à celui qu'ils avaient approuvé par leurs signatures, le 6 mars, sous peine de tous dommages et intérêts, et de payer les frais que l'inexécution de cet engagement pourrait autoriser. Ce réglement, au surplus, n'était que la reproduction et la mise en ordre des délibérations prises depuis 1840 par les sociétaires, mais confuses, mal conçues, et souvent contradictoires ; les nouvelles dispositions qu'il contenait étaient en très-petit nombre, et en rapprochant le texte de ces délibérations des clauses du nouveau réglement qui avait été proposé dans l'intérêt général, nous justifierons leur nécessité et leur parfaite convenance.

En exécution de cette convention du 15 mars, signée par quatorze sociétaires, on fit signifier aux syndics de la fromagerie, le 28 mars 1849, la défense de vendre à l'avenir en bloc et pour un seul prix les tommes et les fromages d'été qui seraient fabriqués à l'avenir, en les requérant d'avoir, sur ce point, à se conformer au prescrit des délibérations.

Le 6 avril suivant, on notifia aux associés qui avaient refusé de signer soit l'engagement du 15 mars, soit le réglement du 6 du même mois, ce traité destiné à remplacer toutes les délibérations précédentes, afin qu'ils pussent s'assurer de leur entière conformité, sauf quelques clauses additionnelles. S'ils eussent accepté ce nouveau réglement, toutes difficultés étaient terminées, et on aurait mis ainsi un terme à des questions de pur amour-propre de leur part, qui ont été si préjudiciables aux intérêts de tous ; mais les dissidents ne voulurent non-seulement pas signer ce réglement, et ils parvinrent même, à force de sollicitations, ou peut-être de menaces, à ramener à leur cause une partie des sociétaires qui avaient approuvé le nouveau réglement et souscrit l'acte du 15 mars. Cette conduite irréfléchie de leur part est une nouvelle preuve de la mobilité des gens des campagnes qui, peu éclairés, se laissent entraîner ou surprendre par les intrigues des meneurs qui les dirigent, et reconnaissent ensuite qu'ils ont agi contre leurs propres intérêts, lorsqu'il n'est plus temps de les sauvegarder.

La sommation du 28 mars, adressée aux administrateurs de la fromagerie, portait : « Que, par une délibération verbale, à la
» date du 19 avril 1846, prise en exécution d'un acte reçu
» Jouffroy, notaire à Mouthe, le 17 juin 1840, ladite délibéra-
» tion obligatoire, en vertu de l'art. 7 dudit acte, il a été con-
» venu entre les ci-devant associés de ladite fromagerie des Es-
» sarts, que tous les fromages seraient *vendus ensemble*, c'est-
» à-dire, qu'il n'y aurait qu'un seul marchand pour les tommes
» (fromages d'hiver), et les bons fromages (ceux d'été) ; mais
» *qu'il y aurait deux ventes* desdits fromages, la première qui
» comprendrait ce qui aurait été fabriqué depuis le commence-
» ment de la fruitière jusqu'au 1er juin ; la seconde, depuis
» le 1er juin jusqu'au 30 novembre suivant.

» Que cependant, au mépris de cette clause formelle et de
» rigueur, convenue entre les associés, les prud'hommes, gé-
» rants ou échevins qui étaient en exercice l'an dernier, et qui,
» suivant l'article 4 de l'acte de 1840, devaient être autorisés à
» procéder à la vente desdits fromages, se sont permis, contrai-
» rement à la délibération précitée, de la faire en bloc pour le
» même prix et en une seule vente comprenant soit les fromages
» d'hiver, soit ceux d'été, ce qui a porté un notable préjudice
» *aux propriétaires et fermiers des Granges*, possesseurs de pâ-
» *tures*, qui dès-lors fabriquent proportionnellement une plus
» grande quantité de fromages d'été que les propriétaires des
» Essarts, qui, ne possédant pas de pâturages, envoient seulement
» leur bétail sur les communaux.

» Que la disposition de cette délibération de 1846, que l'on
» a rappelée, n'avait été prise que pour mettre obstacle à cette
» fraude, et pour empêcher des gens habitués à user de bien
» d'autres, de nuire à leurs associés; que cette manœuvre
» coupable n'a été organisée que par quelques propriétaires,
» qui, plus aisés que les autres, cherchent à s'attribuer la haute-
» main et la direction des affaires de la fromagerie, parce que

» les syndics ne savent pas résister à leurs artifices, et que
» d'autres associés se laissent égarer par ceux qui les dirigent ;
» qu'un tel état de choses, contraire à l'équité et à la justice, ne
» peut subsister ; en conséquence, les requérants prennent le
» parti de faire défense aux sieurs. . . . , de vendre à l'avenir
» les fromages d'hiver et ceux d'été en bloc et pour un seul
» prix, mais les somment de se conformer entièrement aux règles
» ci-dessus indiquées, sous peine de devenir personnellement
» responsables de leur inobservation, et protestent contre eux de
» leur faire supporter tous dommages et intérêts qui en résulte-
» teraient pour lesdits requérants. »

Par un second acte signifié aux sociétaires qui avaient refusé de signer le nouveau réglement proposé, et à la date du 6 avril, on leur a donné connaissance de ses dispositions, et après y avoir rappelé les mêmes faits que ceux ci-dessus énoncés, on ajoutait : « qu'un traité en forme, exprimant des obligations et
» conditions claires et précises, imposant une responsabilité
» expresse aux gérants et dont ils ne puissent plus s'affranchir,
» leur paraît indispensable ; que les signataires de ce traité y
» donnent leur adhésion et engagent les autres sociétaires à l'ac-
» cepter, sans émettre la prétention de les y contraindre que
» par les moyens juridiques. »

Cet acte se termine ainsi : « Les requérants déclarent donc,
» que les requis, et notamment les gérants, ayant violé les règles
» sociales au préjudice des petits propriétaires et fermiers,
» ils provoqueront, comme ils en ont le droit, la dissolution
» d'une société qui n'existe pas régulièrement, puisque, n'é-
» tant pas établie en vertu d'un acte écrit, elle ne peut
» subsister ; qu'ils demanderont, conformément à la loi, *la
» licitation du chalet* commun entre tous, attendu que les as-
» sociés ne sont plus d'accord sur les *conditions de l'associa-
» tion*, et qu'elle est ainsi dissoute de fait ; qu'enfin ils pour-
» suivront cette vente si les dissidents n'adhèrent pas à leurs
» justes propositions, conçues dans l'intérêt général de tous les
» associés. »

En prononçant le mot de *licitation*, on n'avait eu d'autre but, comme il est facile de le penser, que de donner le temps aux récalcitrants de réfléchir et de ratifier un réglement qui, exécuté avec bonne foi et loyauté, contribuerait au maintien et à la bonne administration de la fromagerie. Une division parmi les sociétaires devenait funeste, et chacun aujourd'hui doit le reconnaître.

Cependant, les moins intéressés dans cette affaire, comme les plus incapables de bien apprécier les conséquences de leur démarche, excités par ceux qui n'avaient d'autre but que de conserver une autorité exclusive, qu'ils craignaient de voir leur échapper s'ils ne parvenaient pas à écarter des surveillants incommodes, parce qu'ils avaient signalé leurs intrigues, furent assez aveugles pour aller provoquer eux-mêmes la licitation, se faisant ainsi les honteux instruments des passions de quelques individus habitués à s'ériger en maîtres, et servant de secrets desseins dont ils ignoraient peut-être encore l'existence. Après avoir signé très-volontairement cinq actes distincts, après avoir reconnu que ce qui avait eu lieu rendait un nouveau réglement indispensable, pour se soustraire à une domination qui n'aurait pas eu de bornes, on n'a pas rougi de combattre ce que l'on avait approuvé, et de faire cause commune avec ses adversaires; on n'a pas même pris le temps de réfléchir et de reconnaître de quel côté se trouvaient les véritables défenseurs des droits et des intérêts des associés. C'est ainsi que les véritables instigateurs de l'instance en licitation, ont saisi l'occasion d'envenimer les difficultés; ils ont su inspirer de la défiance en calomniant nos intentions, et ils ont profité de la faiblesse de gens moins rusés qu'eux pour les lier par des engagements contraires à ceux qu'ils avaient revêtus quelques jours auparavant de leurs signatures.

Mais afin de décider les signataires à ce manque de foi, on leur a persuadé qu'ils perdraient leurs droits à la propriété du chalet, si les associés ne se réunissaient pas tous pour demander la licitation, et que le seul moyen de les conserver était d'agir en commun; à l'aide de ce subterfuge, on leur a fait signer un acte qui mettra une part égale de frais à leur charge, tandis qu'ils n'en auraient point supporté en restant fidèles à leurs premiers engagements. Il n'est pas moins certain que pour arriver à leur but, nos véritables adversaires ont feint de prendre au sérieux la menace que nous avions faite de poursuivre la licitation du chalet, et qu'on leur aura conseillé, pour lier davantage ceux qu'ils avaient trompés, de la demander eux-mêmes. Cédant ainsi à un sentiment de vengeance et dans l'espoir de se rendre maîtres absolus, pour pouvoir exclure à leur gré ceux qui contrarieraient leurs projets, ils n'ont pas même pensé que le traité du 17 juin 1840 pouvait y mettre obstacle.

La licitation est fondée sur deux principes : le premier, qu'on ne peut forcer quelqu'un à convertir ses immeubles en argent; et le second, que nul ne peut être contraint de rester dans l'indivision; mais ces principes, que lorsque des co-propriétaires, des co-héritiers ou des communiers ont acquis ces qualités, soit en achetant une même propriété, soit en la recueillant en commun ou la recevant de toute autre manière, on ne peut plus les invoquer lorsque, au contraire, comme dans l'espèce, il y a eu de la part des co-propriétaires des terres situées dans la même circonscription territoriale, affectation de la chose acquise ou de celle établie, à un usage particulier, à une industrie qui doit se perpétuer par la nature même des choses; quand elle a été attachée pour un temps indéfini, à l'exploitation de ces terres dont elle est devenue l'accessoire indispensable, qu'elle a été asservie à une destination qui ne pourrait cesser qu'autant que tous ceux qui auraient paru au contrat, ou leurs successeurs, seraient d'accord pour le rompre, puisque chacun d'eux a acquis des droits distincts sur cette chose et qu'on ne peut lui enlever malgré lui. Autrement il dépendrait d'un seul des contractants d'anéantir un engagement réciproque et de bouleverser une commune entière.

Dans ces différents cas, il y a servitude d'indivision, parce que des objets communs à plusieurs maisons, tels par exemple que des portes, des allées, des puits, sont des objets indivisibles : car les maisons en tirent une utilité qui *cesserait par le partage,* et une *licitation l'enlèverait* à celle dont le propriétaire ne resterait pas seul acquéreur de l'objet commun. (Pardessus, Serv. n° 190.)

Il y a, comme le dit Toullier, t. 3, p. 332, des choses qui demeurent par leur nature ou par leur destination, dans un état d'indivision forcée, telle que l'allée d'entrée ou le vestibulle, les cours, puits, etc., communs aux différents étages d'une maison ou même à deux maisons. Ces droits sont en effet d'une nature bien différente. Sans doute la possession commune des biens indivis engendre presque toujours des contestations et des procès que le législateur a voulu éviter en établissant pour règle générale que nul ne peut être contraint de rester dans l'indivision..... Mais quelque générale que soit cette règle, elle a néanmoins des exceptions, soit parce que le partage des objets restés dans l'indivision les rendrait inhabiles à remplir leur destination, soit parce que, étant indivisibles, ils *procurent plus d'avantage* aux co-propriétaires en restant indivis et communs, qu'en les partageant ou les licitant (1).

N'en doit-il pas être de même lorsque tous les habitants et propriétaires d'une commune ou d'une fraction de commune, établissent, dans l'intérêt de leurs propriétés et pour leur exploitation, une maison qui en est le complément nécessaire, car elles deviendraient improductives et nulles, sans cet établissement indispensable pour pouvoir tirer parti de ces grandes étendues de terres qui ne peuvent que servir au parcours? Quelle destination a reçue le chalet des Essarts, après sa construction, relativement aux fermes particulières des contractants de 1840? il est devenu une annexe de leurs fonds, un bâtiment commun remplaçant les maisons particulières de chacun d'eux, où l'on fabriquait auparavant tour-à-tour les fromages; et de même que chaque maison des habitants des Essarts et des Granges voisines qui ont paru à ce traité, faisait partie de son domaine, de même aussi la nouvelle construction qui leur a été substituée, qui n'a été destinée qu'à les remplacer toutes, a pris leur place et ne peut être détournée de l'appropriation spéciale qu'elle a reçue, ni par conséquent être vendue sans le consentement de tous.

La lecture seule de la clause principale de ce traité, contenant le motif déterminant qui l'a provoqué, suffit pour se convaincre de l'intention manifeste qui l'a nécessitée ; il porte :
« Lesquels comparants, ès noms et qualités qu'ils agissent,
» *propriétaires d'immeubles* situés tant audit lieu des Essarts
» qu'à la Vernouge, la Combette et autres lieux circonvoisins,
» *ont dit, que sentant le besoin de construire un chalet de froma-*

(1) Tous les auteurs et la jurisprudence sont unanimes sur cette question.

» gerie, audit lieu des Essarts, pour tirer parti avec avantage
» du lait que fournissent leurs bestiaux, ATTACHÉS A LA CULTURE
» DE LEURS PROPRIÉTÉS et situés dans ces diverses localités, ils
» s'étaient réunis le présent jour pour établir et arrêter à frais
» communs les bases et conditions de cette association, ainsi qu'il
» suit : OBLIGEANT AVEC EUX-MÊMES LEURS AYANT-DROITS ET CAUSE
» SOLIDAIREMENT.

» ART. 1er. Le chalet dont il s'agit sera construit audit lieu
» des Essarts.

» ART. 8. Nul ne pourra entrer dans ladite société sans
» avoir, au préalable, été admis par la majorité des sociétaires, et
» sans avoir satisfait à tous les frais que les sociétaires seront te-
» nus de solder pour les constructions et ameublement sus-relatés.

» ART. 9. Les sociétaires participeront aux frais de construc-
» tion du chalet et d'ameublement ; ces frais seront ainsi ré-
» partis, etc. »

Ce traité ne fixe aucune durée à l'association, car il était dans l'intention de tous que tant que ce chalet subsisterait, il recevrait la destination pour laquelle il avait été établi. Les réglements étaient bien annuels, puisqu'il fallait remplacer les administrateurs, pourvoir aux différents intérêts de l'association ; mais la cause qui avait donné lieu à cette construction étant permanente, son emploi devait être aussi continuel. Il était donc bien loin de la pensée de ceux qui se sont engagés par ce traité, que l'on pourrait un jour s'affranchir d'obligations qu'ils s'étaient imposées, ainsi qu'à leurs successeurs, d'une manière solidaire, et demander la licitation d'un établissement fondé pour assurer l'existence de la fromagerie, dans l'unique but d'exclure, au gré du caprice et des passions de quelques brouillons mécontents, ceux qui avaient résisté à leurs injustes prétentions, en leur démontrant qu'ils avaient méconnu leurs propres engagements et contrevenu aux clauses protectrices des droits des associés.

Si une pareille licitation était ordonnée, ce serait en même temps prononcer l'anéantissement des fromageries, et la ruine des propriétaires des montagnes ; puisque, sans chalets, pas de fromageries ; et sans fromageries, pas d'exploitations possibles des terres situées dans cette région exceptionnelle.

Le gouvernement encourage même l'établissement des chalets, car une décision du ministre de l'intérieur, en date du vingt-deux mars 1842, a autorisé les communes qui ont des ressources à les employer, sous l'approbation de la préfecture, à la construction des chalets, à cause de l'utilité communale qu'offrent ces établissements; si donc on en permettait la licitation, ce serait, tout en détruisant les seules ressources des montagnes, agir dans une intention contraire à celle du gouvernement, et ouvrir une large porte à la chicane et aux entreprises continuelles de ces êtres malveillants toujours disposés à nuire, et que l'auteur du mémoire que nous avons déjà cité a si bien dépeints: « *Ces désordres*, dit-il, seraient d'autant plus
» multipliés qu'il existe généralement dans chaque commune
» rurale, un ou deux individus qui, faisant métier et marchan-
» dise de procès, ne subsistent qu'à l'aide de contestations
» qu'ils suscitent et alimentent, génies inquiets et malfaisants
» qui ne se plaisent que dans le trouble et ne vivent que de
» discorde. »

Les demandeurs sont nombreux en apparence, parce que plusieurs des contractants de 1840 sont décédés et ont laissé beaucoup d'héritiers; mais nos véritables adversaires consistent dans quelques meneurs qui s'obstinent à demander la licitation dans des vues personnelles, et pour assurer leur domination sur les pauvres et les faibles, qu'ils exploitent au moyen des prétendus services qu'ils leur rendent. Beaucoup ont déjà ouvert les yeux sur les conséquences d'une demande qui aurait pour résultat de les mieux enlacer dans leurs filets; mais, liés par un traité secret qui doit mettre à leur charge la plus grande partie des frais s'ils abandonnaient une cause dont ils ne peuvent se dissimuler l'injustice, ils n'osent rompre ouvertement avec leurs véritables ennemis.

§ 2.

Nous arrivons maintenant à la comparaison des clauses du nouveau réglement avec les dispositions que renferment les délibérations qui ont suivi le traité de 1840.

NOUVEAU RÉGLEMENT proposé *pour la fromagerie des Essarts.* ART. 1er.	CLAUSES DU TRAITÉ DU 17 JUIN 1840 et des *délibérations qui l'ont suivi.*
L'association formée entre les soussignés aura une durée de neuf années consécutives, et la mort, l'exclusion ou le départ d'un ou de plusieurs associés n'interromperont point cette association.	Le traité de 1840 ne fixait d'une manière précise aucune durée à l'association, mais par les délibérations postérieures, on l'avait limitée à un an.

OBSERVATIONS.

La critique que l'on a faite de cette nouvelle disposition est aussi mal fondée qu'injuste, puisque l'on a prétendu, en feignant de le croire, qu'elle avait pour but de dissoudre l'association, tandis qu'elle ne tendait qu'à lui donner de la stabilité, en veillant à l'intérêt général des sociétaires, et mettant un terme à des intrigues dont la réussite est d'autant plus dangereuse que cette société est plus précaire.

Une durée plus longue est bien préférable ; car elle assure l'avenir de cette agrégation, et se trouve en rapport avec la longueur ordinaire des baux, offrant ainsi plus de garantie et de sécurité tant aux propriétaires qu'aux fermiers. D'ailleurs, ne pouvant utiliser la plus grande partie des terres des hautes montagnes qu'au moyen du parcours et de la fabrication des fromages, et ce mode d'exploitation devant se perpétuer d'âge en âge, qu'importe que l'association soit formée pour une année ou pour un plus grand nombre, puisqu'elle doit être perpétuelle, et que, par des délibérations nouvelles, on peut toujours ajouter aux clauses et conditions du traité primitif.

Article 2.

Aucun sociétaire ne pourra avoir plus de chèvres que de vaches, pour en porter le lait à la fromagerie ; et s'il est reconnu en avoir davantage, il paiera chaque année et par chaque tête de chèvre, une somme de 3 fr., qui sera reçue par les syndics dont on parlera ci-après, et dont le montant sera employé en déduction des frais à faire pour la fabrication des fromages.

Article 3.

Celui qui sera convaincu d'avoir mis de l'eau ou tout autre liquide dans son lait, sera passible d'une amende de 20 à 50 fr.; et en cas de récidive, *il pourra* en outre être exclu de la société. La vérification du lait aura lieu en présence de tous les syndics, et si la fraude est reconnue par eux une seconde fois, ils consulteront tous les associés réunis en assemblée, lesquels décideront, au scrutin secret, à la majorité des deux tiers des voix au moins, s'il y a lieu d'exclure ; (les billets de vote porteront l'un de ces mots : *exclu* ou *conservé*). Quant à la quotité de l'amende, elle sera fixée par les syndics, préalablement pourvus de l'autorisation aussi des deux tiers des associés.

Si l'un des syndics se rendait coupable de cette fraude, l'amende serait portée au double et il serait remplacé ; quant au lait gâté, un syndic et le fruitier suffiront pour le refuser.

Article 5
de la délibération du 19 avril 1846.

Il est convenu et délibéré qu'il n'y aura qu'une chèvre par vache ; s'il s'en trouve qui excèdent ladite délibération, qu'ils paieront la somme de trois francs par chèvre.

Article 5
du traité du 17 juin 1840.

Chaque associé sera tenu de porter son lait à la fromagerie dans un vase propre, dès que les gérants lui en auront donné l'ordre. Ceux-ci fixeront aussi l'époque où les sociétaires devront cesser d'apporter leur lait, qui dans tous les cas devra être naturel, à peine d'exclusion et de tous dommages et intérêts envers la société, du sociétaire qui aurait été convaincu de l'avoir dénaturé avec de l'eau ou du petit lait.

Article 7
de la délibération du 19 avril 1846.

Il est, que celui qui sera reconnu à mettre de l'eau dans son lait, et qui l'apportera à la fromagerie, *sera exclu* de cette société, *et ses fromages seront confisqués* et vendus au profit de la société.

Article 6
de la même délibération.

Pourquoi il est que celui qui sera reconnu avoir son lait gâté, le fromager aura plein pouvoir de le renvoyer, *et sera exclu sans autre formalité de justice.*

OBSERVATIONS.

Ceux qui ont attaqué le nouveau réglement ne s'attendaient pas sans doute à ce qu'on publierait le texte des délibérations en regard des articles de ce réglement, et qu'ainsi chacun pourrait en comparer les différentes clauses. Ils se sont plaints aussi de l'excessive *sévérité* du traité qu'on voulait, disaient-ils, *leur imposer :* comment pourront-ils justifier la *douceur* de la disposition qui exclut, sans distinction, pour la première fois et non pour la seconde, l'associé qui *sera reconnu à mettre de l'eau dans son lait*, et qui ajoute à cette rigueur cette autre peine inouïe, la *confiscation des fromages* du contrevenant? Cette peine a été, heureusement pour ceux qui l'ont votée, établie avant le gouvernement actuel; car, bons républicains comme ils le sont, ils ne voudraient pas admettre aujourd'hui une pénalité aussi odieuse qui frapperait leurs frères et amis, quand l'article 12 de la Constitution l'abolit.

Nous, au contraire, désirant punir, mais non pas ruiner l'homme indélicat qui, pour un gain si léger, commet une fraude capable de porter un si grand dommage à l'association, nous admettons des circonstances atténuantes, parce que nous espérons qu'une forte amende et l'ignominie d'avoir été convaincu d'un vol, amèneront le coupable à récipicence ; nous ne lui infligeons donc, pour la première fois, qu'une peine pécuniaire comme avertissement qui pourra lui profiter; et s'il y a récidive de sa part, usant encore de certains ménagements, nous adoptons un mode fraternel pour prononcer son exclusion, afin qu'elle ne puisse pas avoir des suites fâcheuses en excitant des haines personnelles, et qu'en même temps elle permette à chaque sociétaire qui doit prononcer sur cette exclusion d'apprécier dans sa conscience le degré de culpabilité de son co-associé. On ne doit point, en pareil cas, repousser le scrutin secret, principale base de notre gouvernement.

A ces différentes considérations nous devons ajouter celle que nous avons déjà fait valoir, et qui résulte implicitement de l'article 14 de notre traité : c'est que l'exclusion ne serait jamais que temporaire ; car autrement l'agrégé exclu pour toujours verrait sa propriété dépréciée et se trouverait par-là même à la merci de ceux qui pourraient se coaliser pour causer sa ruine et acheter ses terres, ou du moins les amodier à vil prix.

Poursuivant notre examen au sujet du rapprochement des différents articles rappelés, nous dirons à nos adversaires, ces associés si bénins, qui ont trouvé les dispositions du nouveau réglement si *sévères*, et qui l'ont repoussé sans même vouloir en apprécier les clauses : Vous ne vous êtes pas contentés de prononcer l'*exclusion* et la *confiscation* à l'égard du sociétaire qui aurait mis de l'eau dans son lait, vous avez poussé l'aberration jusqu'à ses dernières limites en déclarant, par l'article 6 de la délibération de 1846, *que celui qui serait reconnu avoir son lait gâté serait aussi exclu de la société en cas de récidive, sans formalité de justice;* vous n'avez pas même admis un tempérament à cette rigueur, pour le cas où la mauvaise qualité du lait ne serait pas le résultat de la mauvaise foi ou de l'envie de nuire, mais de la négligence, du défaut de propreté ou de toute autre circonstance. Dieu nous garde de vous avoir pour législateurs!

Y a-t-il dans notre réglement quelque chose qui approche de cet excès de sévérité? et n'aurons-nous pas le droit de dire qu'on sait être indulgent pour soi-même et impitoyable pour les autres? Mais, il fallait bien, pour se rendre maîtres de l'association, pour affermir son autorité, effrayer les sociétaires par des menaces terribles, sauf à composer ensuite avec les contrevenants.

Que doit-on donc conclure de ces attaques sourdes contre le traité que nous avons proposé et dont les dispositions étaient conçues dans un intérêt d'avenir et de bonne administration ? C'est que des gens si chatouilleux en apparence sur le point d'honneur, n'ont inséré des peines aussi exagérées dans leurs délibérations, que parce qu'ils savaient bien qu'ils seraient libres de les appliquer ou d'être indulgents. On n'a pas tardé à en avoir la preuve; car il est de notoriété publique dans la circonscription de la fromagerie des Essarts, que trois personnes, qui en font encore partie, ont eu la bassesse de mettre de l'eau dans le lait qu'elles avaient apporté au chalet. Les a-t-on *exclues* de la fromagerie? a-t-on confisqué leurs fromages ? Non; on leur a infligé une amende, ou peut-être même n'a-t-on pas sévi contre elles. A quoi bon dès-lors prendre chaque année de nouvelles délibérations où l'on renchérit sur la rigueur des précédentes, pour les laisser dormir dans les archives de messieurs les administrateurs? Aujourd'hui on ne pourrait même plus les exécuter à l'égard d'autres associés qui auraient commis la même faute, sans commettre une véritable injustice ; car, en cette matière, l'égalité est la première base d'une association. Il est donc plus rationnel de n'admettre des clauses dans un réglement, et des peines pour les contraventions, qu'en les mettant d'accord avec la raison, l'équité et la justice, au lieu d'en adopter qui ne sont qu'illusoires et deviennent sans application.

ARTICLE 4.

Les associés, propriétaires ou fermiers, qui, à la reprise de la fabrication ayant lieu chaque année, refuseraient de mettre leur lait en commun, seront tenus de payer une amende de 50 centimes par jour, dès qu'ils auront plus d'une vache au lait et à partir du moment où ils auront été avertis par un écrit signé de deux syndics.

ARTICLES 1er et 2
de la délibération du 19 avril 1846.

Il est que le sieur B. B., ayant quitté ladite fromagerie pendant le courant de 1845, pour aller à une pâture, vu le préjudice qu'il peut avoir porté à la société, l'assemblée ayant délibéré en majorité suffisante qu'il paierait la somme de 3 francs pour chaque vache, et qu'il serait imposé pour trois : *et tous ceux qui voudront sortir pour pareil cas*, seront imposés de ladite somme de 3 fr. par chaque vache ; ces sommes seront recouvrées par l'échevin sur le montant de leurs fromages, au profit de la société.

ARTICLE 2.

Il est convenu que tous ceux qui sortiraient à la fin de la fruitière avec leurs vaches, soit propriétaires ou fermiers, pour hiverner, et qui ne rentreraient pas pour le commencement de la fruitière, seront tenus de payer une amende de 50 cent. par jour, après trois jours de tolérance.

OBSERVATIONS.

Les auteurs de la délibération de 1846 qui, suivant l'article 7 du traité de 1840, *devait avoir la même force que ce traité lui-même*, n'ont pas même remarqué que les deux articles ci-dessus étaient contradictoires entre eux. En effet, on permet d'abord aux associés de sortir de la fromagerie pendant l'été, s'ils amodient des pâtures, en payant une indemnité de 3 fr. par vache, et l'article 2, au contraire, leur prescrit de rester dans l'association à peine de 50 cent. d'amende par jour. Si ces deux peines devaient être cumulées, à l'égard de celui qui aurait loué une pâture, la valeur de ses fromages et même de ses vaches serait bientôt absorbée. Mais il y a plus, c'est que lorsqu'on a rédigé les deux premiers articles de cette délibération, on ne s'est pas même rappelé que l'article 6 du traité du 17 juin 1840 ne permettait pas à un associé de quitter la fromagerie sans le consentement de la majorité des sociétaires. Ce principe était sans doute trop exclusif : car on ne peut forcer un propriétaire à entrer dans une association ; il doit être libre d'exploiter ses terres comme il l'entend, et on ne peut lui imposer l'obligation d'y rester quand le terme pour lequel elle a été formée est arrivé, pourvu qu'il ne s'agrége à une autre fromagerie que dans le cas où l'on refuserait de le recevoir dans celle dont il faisait partie, si toutefois ce droit exorbitant appartient à des sociétaires. Au surplus, ces exceptions sont très-rares, puisque chaque propriétaire ou fermier d'une circonscription de fromagerie ne demande pas mieux d'y être admis. Mais en ce cas, il doit y avoir une juste réciprocité ; s'il ne peut être repoussé de l'association parce qu'il a les mêmes droits que tout autre, il ne faut pas non plus qu'il puisse désorganiser la fromagerie en se retirant tout-à-coup et en allant porter son lait ailleurs. C'est cependant la conséquence qui résulterait de ces articles ; mais les rédacteurs ne l'ont pas même aperçue.

Ce que nous venons de dire démontre donc la nécessité où l'on était d'adopter un nouveau réglement, et qu'en le proposant, nous rendions un véritable service aux associés, puisqu'il contenait des dispositions claires et précises, des clauses mieux coordonnées entre elles, et qu'elles n'étaient pas inapplicables ou contradictoires comme les anciennes ; aussi c'est par esprit de parti et de jalousie qu'on les a rejetées. L'adoption de ce réglement aurait eu cependant pour résultat d'obtenir l'exécution de conditions propres à assurer le maintien et la prospérité de l'association. L'égalité, suivant la loi, doit régner partout, et on ne peut plus créer de priviléges ; les adversaires auraient dû être les premiers à le reconnaître ; mais souvent les personnes qui, en apparence, les combattent avec le plus de force, voudraient les conserver à leur profit, en cherchant à maintenir pour eux l'arbitraire et le despotisme.

ARTICLE 8.

Celui qui sera convaincu d'avoir pris du bois, soit dans l'entrepôt ou la remise, soit à côté du chalet, devra payer entre les mains des syndics, une amende de 2 francs pour la première fois, de 4 fr. pour la seconde et ainsi de suite, toujours en doublant pour les fois suivantes; il sera de plus exclu de l'entrepôt.

ARTICLE 9
de la délibération du 19 avril 1846.

Il est que celui qui sera reconnu à prendre du bois à l'entrepôt, soit à la remise ou à côté du chalet, paiera une amende de 1 fr. pour la première fois, 2 fr. pour la seconde, toujours en doublant toutes les fois que le délinquant sera reconnu à cette *indigne chose.*

OBSERVATIONS.

Il nous a paru que l'amende pour cette *indigne chose* n'était pas en proportion du délit, et nous l'avons doublée; car une répression suffisante peut souvent empêcher des récidives.

ARTICLE 6.

Chaque vente de fromages sera faite à un seul marchand; mais il y aura, *sous peine de nullité, deux ventes par année*; la première, qui comprendra les tommes ou pièces de fromages faites avant le premier juin, c'est-à-dire, depuis la reprise de la fabrication ayant lieu ordinairement en février; et la seconde, qui comprendra les fromages gras ou les pièces faites à partir du premier juin jusqu'au 30 novembre; en conséquence il ne sera vendu ni livré *en bloc et pour le même prix*, des fromages d'hiver et d'été, *qu'autant que tous les associés, sans exception*, auront été d'accord sur la diminution que devront supporter les fromages d'hiver, comparativement à ceux d'été; d'après cela, la vente de chaque espèce de fromages se fera à part et suivant sa valeur respective, et sous aucun prétexte il n'en pourra être autrement.

ARTICLE 4
de la délibération du 19 août 1846.

Il est convenu que tous les fromages seront *vendus ensemble*, c'est-à-dire, qu'il n'y aura qu'un marchand *pour les tommes et les bons fromages*; il n'y aura que *deux ventes*, la première, des tommes, qui comprendra ce qui sera fabriqué depuis le commencement de la fruitière jusqu'au premier juin, et la seconde vente, depuis le premier juin jusqu'au 30 novembre.

OBSERVATIONS.

La contravention à l'article 4 de la délibération de 1846, ayant été la source de toutes les difficultés survenues entre les associés, il était indispensable de rédiger d'une manière plus claire et sans ambiguité l'article 6 du nouveau réglement, destiné à remplacer les anciens. Il a suffi de lire l'article 4 de cette délibération, pour reconnaître qu'il existait une contradiction, au moins apparente, dans le texte de cet article, puisque, après avoir dit dans le commencement, que les fromages seraient *vendus ensemble*, l'on ajoute qu'il y *aura deux ventes*.

Le nouvel article du réglement proposé a cependant servi de prétexte aux adversaires pour combattre la disposition finale, qui exige le consentement de tous les sociétaires, dans le cas exceptionnel et tout à fait imprévu, où l'on aliénerait tous les fromages *en bloc et pour un prix unique*. Dans ce cas, ont-ils dit, il suffirait de l'opposition d'un seul associé, qui ne serait pas d'accord sur la diminution que devraient supporter les fromages d'hiver, eu égard à la valeur supérieure de ceux d'été, pour arrêter toute espèce de vente.

Cette critique n'est ni sérieuse ni de bonne foi ; en effet, les opposants avaient défendu eux-mêmes, par l'article 4 de leur délibération de 1846, *toute vente générale des deux espèces de fromages*; mais sans respect pour une prohibition aussi formelle, ils sont parvenus, à l'aide de moyens peu délicats, à en éluder la disposition. Il fallait donc prendre des mesures pour qu'un pareil abus ne se renouvelât point, et il était juste de prévoir le cas où l'on chercherait encore à déroger à un principe admis dans toutes les fromageries et sans cesse exécuté. Il était donc juste d'exiger alors l'adhésion de tous les associés pour régler l'indemnité qui serait due à raison de cette vente insolite, et qui constituerait une exception à la règle suivie dans tous les temps, si une majorité pouvait encore s'arroger le droit de confondre, dans une même vente, des produits d'une valeur si différente. Cette dernière disposition de l'article 6 n'avait donc été imaginée que comme une nouvelle défense de vendre en bloc et pour un seul prix, que l'on voulait établir, en exigeant que *tous les associés sans exception* fussent d'accord sur la diminution dans le prix que devraient supporter les fromages d'hiver; et cela est manifeste, car si, en cas de vente en bloc, ceux qui ont plus de fromages d'été doivent obtenir une indemnité, ou, pour mieux dire, recevoir une compensation de valeur dans le prix total, il ne sera plus question de faire de pareilles ventes, puisque les sociétaires qui les exigeraient, à raison de ce qu'ils auraient plus de fromages d'hiver, n'en retireraient aucun avantage.

L'on n'a donc montré tant d'opposition au sujet de la clause finale de cet article du nouveau réglement, que parce qu'il était difficile de l'attaquer sur d'autres ; quelques personnes ont peut-être profité de cette raison apparente pour refuser de le signer ; mais si l'on eût été de bonne foi, il aurait suffi d'en demander le retranchement; et comme cette disposition n'était pas indispensable, qu'elle n'était que la confirmation de la règle consacrée de tout temps par l'usage, rien ne se serait opposé à ce qu'on la supprimât, en maintenant la clause de la délibération de 1846, toutefois en la rédigeant de manière à ce qu'elle fût intelligible. C'est cependant à l'aide de cette misérable chicane, et en feignant de ne pas comprendre les deux clauses de l'article 6, dont l'une est la conséquence de l'autre, qu'on sera peut-être parvenu à faire prendre le change à ceux qui avaient signé le nouveau réglement, en leur disant qu'on cherchait à faire tomber la fromagerie, puisqu'on voulait mettre obstacle à la vente de ses produits ; c'est avec de pareils moyens qu'on a endoctriné des gens habitués à ne pas juger par eux-mêmes, et à suivre en aveugles l'impulsion de ceux par lesquels ils se laissent conduire; ils n'ont voulu, sans doute, ni lire ni comprendre le sens de cette disposition, car le simple examen les aurait désabusés.

Voir les observations sur le § 2 de l'article 12 ci-après.

ARTICLE 7.

Les amendes seront recouvrées sur le prix du montant des fromages des contrevenants aux dispositions ci-dessus, par les administrateurs dont il va être parlé; les sommes en provenant tourneront au profit de la société, et viendront en déduction de toutes les pièces de fromages.

Cet article est extrait de la partie finale des délibérations des 9 novembre 1843 et 19 avril 1846, ainsi conçues :

Il a été convenu, en outre, que les particuliers qui ne sont pas associés, qui ont mêlé leur lait à la fromagerie, paieront 4 fr. par 100 kilog., qui seront employés jusqu'à ce jour à la confection du chalet, et, à l'avenir, pour les frais de fabrication des fromages, et nous autorisons les syndics de ladite fromagerie à retenir auxdits associés l'argent d'après les fromages qu'ils ont faits et qu'ils feront à l'avenir.

On se conformera au contenu de cette délibération, et il est convenu que les amendes avant, dites contre les délinquants, seront recouvrées sur le prix du montant de leurs fromages par les échevins de la fromagerie ; ces sommes seront au profit de la société.

OBSERVATIONS.

Il serait juste d'imposer aux acquéreurs de nouvelles terres, la même obligation que celle qui l'a été, par les délibérations de 1843 et 1846, à ceux qui, ne faisant pas partie de la fromagerie des Essarts, y auraient cependant apporté leur lait, puisque, autrement, ils profiteraient du chalet bâti à frais communs dans une proportion plus forte que celle pour laquelle ils ont contribué à sa construction. En effet, comme avec de nouvelles terres ils entretiendraient de nouvelles vaches et fabriqueraient plus de fromages, l'équité exige qu'ils soient, quant à ces autres propriétés, assujettis au même droit que l'étranger qui aurait momentanément mêlé son lait ; sans cela ils profiteraient du chalet sans rien payer pour cet excédant de produits. Aussi, pour qu'il ne restât pas d'incertitude à ce sujet, il serait nécessaire d'insérer, dans le nouveau règlement, une disposition spéciale, relativement aux terres que viendraient à acquérir les sociétaires; car celui qui, par exemple, n'aurait possédé que cinq hectares de terre en 1843, et qui, depuis cette époque, en aurait acheté deux fois autant, ne pourrait pas se servir du chalet sans payer une indemnité proportionnée à l'augmentation de ses produits. Nous avons déjà, plus haut, justifié cette assertion, qu'il suffisait d'énoncer pour en démontrer la vérité.

Toutefois, nous devons faire observer que si, par l'article 14 du nouveau règlement, nous avons réduit à 1 fr. par 50 kilog. de fromages fabriqués la somme à payer par ceux qui n'auraient pas figuré au traité du 17 juin 1840, c'est parce que l'on supposait que leur réunion ne serait que temporaire, et qu'elle n'aurait lieu que dans l'intérêt de l'association, qui manquait de vaches pour pouvoir obtenir une bonne fabrication.

Peut-être essaiera-t-on, afin de rejeter l'application du principe admis dans les délibérations précitées, de soutenir que, par celle de 1843, on a accordé aux sociétaires la latitude de tenir une, deux et un plus grand nombre de vaches sur leurs propriétés que celui indiqué dans le tableau inséré en tête de cette même délibération ; mais cette augmentation progressive n'ayant été fixée qu'en proportion des vaches que les sociétaires pouvaient entretenir avec les terres qu'ils possédaient alors, et non par rapport à celles qu'ils pourraient nourrir sur les propriétés qu'ils acquéreraient par la suite, il est évident que cette latitude accordée n'était relative qu'au cas prévu par cette délibération ; autrement on ferait la plus fausse application de cette clause spéciale, puisque cette faculté n'avait été accordée aux sociétaires, en 1843, que parce que l'entretien plus ou moins considérable de vaches sur une propriété dépend de la manière dont on la cultive. Personne n'ignore, en effet, que telle personne obtiendra des récoltes plus considérables, et par conséquent nourrira plus de vaches avec la même ferme ou avec une autre de même valeur, et d'une étendue à peu près pareille que telle autre ; cette différence résultera d'un travail plus assidu, de meilleurs procédés de culture, d'une plus grande quantité d'engrais, etc.

Article 8.

Le gage du fromager, les fournitures de toute espèce faites dans l'intérêt de la société, préalablement consultée, seront prélevés au marc le franc, sur le prix des fromages de chaque associé, déduction faite des frais que le montant des amendes aurait déjà servi à combler.

Article 9.

A l'avenir, les associés pourront prendre des délibérations à la majorité des suffrages pour ajouter aux clauses et conditions du présent traité ; mais celles qu'il contient ne pourront être modifiées ni annulées.

Article 4
du traité du 17 juin 1840.

Les prudhommes-gérants seront également chargés d'engager le fruitier, de la vente et de la répartition du prix des fromages entre tous les sociétaires et d'après leurs droits, prélèvement fait sur ce prix, des frais de fruitière.

Article 7
du traité du 17 juin 1840.

Lesdits sociétaires pourront, au premier décembre de chaque année, prendre toutes délibérations pour lesquelles ils se réservent d'augmenter ou de changer les conditions qui tant que la présente association subsistera. Lesdites délibérations ne seront valables qu'autant qu'en signe d'acceptation elles seront signées par les trois quarts de tous les associés.

précèdent. Ces délibérations, signées de la majorité des sociétaires, deviendront exécutoires et auront la même force que les présentes.

OBSERVATIONS.

Un traité d'association quelconque doit contenir des bases fondamentales, qui sont de l'essence de la convention et la constituent; il serait dangereux de pouvoir revenir sans cesse sur les conditions qui en garantissent l'exécution. Des changements continuels ne peuvent qu'entraver la marche d'une société de fromagerie où il existe déjà à présent tant de sujets de divisions et d'intrigues. Nous avons déjà suffisamment justifié les inconvénients, et même le danger de n'avoir rien de fixe et de certain dans un règlement; s'il y a eu des omissions, et que le temps et un examen plus attentif l'aient démontré, l'intérêt général doit faire admettre de nouvelles dispositions pour y pourvoir; mais tout ce qui n'a pas été prévu ou qui doit être suppléé donne lieu à des délibérations annuelles, qui ajoutent au règlement sans en changer les clauses primitives. Cependant, nous avons pensé que, pour introduire des obligations nouvelles, on devait exiger l'adhésion des trois quarts des sociétaires, afin de leur donner plus d'autorité, d'en mieux constater le besoin, et de ne pas éprouver de résistance dans leur exécution, ayant été délibérées par le plus grand nombre.

L'expérience, d'ailleurs, a toujours démontré que plus on multiplie les actes destinés à réglementer une association, plus on s'expose à les voir rester sans effet, puisqu'ils finissent par devenir contradictoires ou inintelligibles, ce qui fait naître des difficultés ou donne lieu à des interprétations différentes dans leur application.

Les infractions que nous avons signalées n'ont-elles pas rendu nécessaires la réunion de dispositions éparses et obscures, pour en former une convention unique, où l'on a maintenu les clauses importantes, et, si on peut le dire en pareille matière, *organiques*, des associations de ce genre, sauf à y suppléer en tout ce qui sera propre à garantir les droits et les intérêts des sociétaires, par ces mêmes délibérations?

Article 10.

Sont et demeurent annulées toutes délibérations antérieures au présent traité, mais les diverses dispositions de l'acte en date du 17 juin 1840, sont maintenues en tant qu'elles ne contiennent rien de contraire aux présentes.

OBSERVATIONS.

Comme le nouveau réglement renfermait toutes les clauses insérées dans les délibérations qui ont été prises, elles ne devaient plus subsister, car elles devenaient inutiles ; mais le traité de 1840, qui consacre des droits acquis non révocables, et qui justifie à quelles personnes ils ont été accordés, ne pouvait être anéanti sans compromettre les droits des parties qui y ont stipulé.

Article 11.

Pour diriger et administrer cette association, qui est formée entre toutes les personnes qui adhèreront au présent traité, il sera nommé, pour une année seulement, et à la majorité absolue des voix de tous les associés, cinq administrateurs syndics ou gérants de ladite association, dont l'un sera ensuite désigné par le même procédé pour trésorier. Il ne pourra se trouver, parmi eux, à peine d'exclusion immédiate des parents, jusqu'au quatrième degré, exclusivement. Ils seront tous révocables en cas de plaintes graves portées contre eux, si on leur reproche des malversations, ou enfin s'ils ne se conforment pas aux obligations qui leur sont imposées par le présent acte. Dans ces différents cas, leur remplacement aura lieu de la même manière qu'ils auront été nommés, et chaque associé pourra convoquer ses co-associés pour lui soumettre la cause qui donnerait lieu à leur révocation, laquelle ne sera toutefois prononcée qu'à la majorité des trois quarts des membres composant

Article 2
du traité du 17 juin 1840.

Des prudhommes ou gérants qui seront choisis et renommés chaque année, parmi les sociétaires, seront chargés de trouver tous les ustensiles et meubles de fruitière, nécessaires au chalet.

Article 7
du même traité.

Les prudhommes-gérants devront être nommés au premier décembre de chaque année, époque où les derniers rendront leurs comptes.

ladite association ; et l'on procédera
en ce cas par voie de scrutin secret,
de même que cela a été expliqué à
l'article 3.

OBSERVATIONS.

Lorsqu'une association de fromagerie se compose d'un plus ou moins grand nombre d'individus, habitant des lieux éloignés, on ne peut pas les consulter sur chaque acte d'administration ; il faut donc qu'ils aient des représentants chargés de leurs pouvoirs ; leurs fonctions sont gratuites : car ils gèrent leur chose comme celle de leurs co-associés ; ils surveillent le fromager, vérifient la qualité du lait, achètent les ustensiles nécessaires ; en un mot, ils sont chargés de la direction de la société.

Ni le traité de 1840, ni les délibérations n'avaient même fixé le nombre des administrateurs-gérants ; on pouvait seulement induire de l'article 11 de ce traité, qu'on l'avait porté à deux. Il était évidemment trop restreint, puisqu'ils ne pouvaient délibérer et former une majorité ; car, s'il y avait diversité d'opinions entre ces deux seuls gérants, il était impossible d'arriver à une solution quelconque ; aussi, tout était arbitraire et se décidait suivant le bon plaisir des syndics.

L'intérêt des sociétaires exige qu'on en nomme cinq, soit pour empêcher ou rompre des intrigues qui nuisent à la bonne administration de la société, soit afin que ces représentants des intérêts individuels comme des droits communs, ne puissent plus s'attribuer la direction exclusive de l'association, en imposant leur volonté à ceux au nom desquels ils agissent, soit enfin pour faire cesser un pouvoir absolu.

Il n'est pas moins important que ces administrateurs ne soient pas parents à un degré trop rapproché : car il faut éviter qu'ils puissent se coaliser contre l'intérêt général, ou exercer une influence contraire aux règles de la justice et à l'égalité des droits des associés. La confiance et la bonne foi sont les bases de ces associations naturelles, et, pour les y faire régner, il faut surtout craindre d'y laisser introduire des divisions.

Puisque ces gérants ont été établis dans des vues d'intérêt

général, ils doivent remplir leurs devoirs avec probité et exactitude; s'ils les négligent ou les oublient, on doit pouvoir les révoquer; mais, pour ne pas exciter des haines, des récriminations, et donner en même temps une entière garantie à ces administrateurs qu'ils ne seront pas révoqués pour une cause légère, on a dû fixer un mode de prononcer sur les causes de révocation, qui conciliait tous les intérêts, en ménageant toutes les susceptibilités; le scrutin secret et les trois quarts des voix des sociétaires présentent de suffisantes garanties, puisque ce nombre sera nécessaire pour leur retirer des fonctions qui leur auront été confiées par la simple majorité.

Mais, en échange de cette protection, et par une juste réciprocité, il fallait, dans l'intérêt des associés, que chacun d'eux fût admis à provoquer leur réunion pour leur soumettre les motifs de révocation; et il n'est pas à craindre qu'on convoque les sociétaires pour une cause trop légère, à raison du grand nombre de voix nécessaires pour la prononcer. C'est un moyen efficace cependant, pour empêcher tout concert frauduleux, ou pour faire cesser des abus qui peuvent s'introduire dans ces sortes d'associations, où l'on doit surtout redouter la domination des plus riches, car l'expérience démontre souvent que ceux qui dirigent ont toujours une sorte de tendance à outrepasser leurs attributions; il faut donc un contre-poids à tout pouvoir, si l'on ne veut pas que ceux qui l'exercent finissent par en abuser.

Quelques personnes ont prétendu que les obligations imposées aux administrateurs seraient trop difficiles à remplir, et que l'on ne voudrait pas accepter cette charge. Seraient-ce ceux qui sont habitués à mettre leur volonté à la place de celle des autres, en parvenant à tout conduire, quoique feignant, et pour la forme, de consulter leurs associés? Raison de plus, si les choix tombaient sur eux, pour les soumettre à des règles dont ils ne pourraient s'écarter. D'ailleurs, que demande-t-on dans ce réglement aux administrateurs? De la droiture, de l'impartialité et de l'exactitude. Il faut donc espérer qu'il se trouvera encore des gens pour lesquels ce fardeau ne sera pas trop lourd, et qui ne favoriseront pas plus les riches que les pauvres, malgré les séductions dont les hommes qui ont acquis leur fortune d'une manière peu délicate, ont l'habitude d'entourer ceux qui dirigent.

ARTICLE 12.

Les sociétaires soussignés confèrent à ces administrateurs-syndics les pouvoirs suivants :

§ 1. — D'acheter pour le compte de l'association les peaux à caillet, tous les ustensiles nécessaires à la fabrication des fromages, à leur conservation, à la vérification de la pureté du lait, tels que pressoir, planches à fromages, chaudière, rondeaux, seilles, fourneaux, aréomètre, balance, etc.; mais, pour effectuer ces différents achats, à l'exception seulement des peaux de caillet, ils devront auparavant se munir de l'autorisation des deux tiers au moins des associés.

ARTICLE 2
du traité du 17 juin 1840.

Ces gérants seront également chargés de procurer tous les ustensiles et meubles de fruitière nécessaires au chalet, ainsi que les peaux à cailler le lait.

ARTICLE 10
de la délibération du 19 avril 1846.

Les échevins seront autorisés à procurer tout ce qui sera nécessaire pour l'entretien et l'ameublement du chalet, tels que planches à fromages, fourneaux en fer, rondeaux, rondottes, seilles, planches pour couvrir le puits du grand pré, enfin tout ce qui sera utile et nécessaire pour le bien de la société.

OBSERVATIONS.

La rédaction de l'article 12 a donné lieu à de nouvelles critiques de la part des adversaires. Comment, a-t-on dit, imposer aux gérants l'obligation d'obtenir l'avis des deux tiers des sociétaires pour l'achat de choses aussi minimes? Il leur faudra donc solliciter sans cesse cette autorisation, et ils n'auront aucune autorité? Nous répondrons d'abord que ceux qui disposent d'une bourse commune devraient être les premiers à demander que la nécessité des dépenses, en pareil cas, fût justifiée en présence des associés, afin qu'on ne vînt pas ensuite prétendre qu'elles n'étaient pas convenables ; car, lorsque le plus grand nombre les a trouvées à-propos, il ne peut pas s'élever de plaintes, et, avec cette sage précaution, les abus d'autorité ne pourraient plus se reproduire. Qu'exige-t-on, au surplus, de si difficile des gérants? Qu'ils réunissent les sociétaires quand il sera question de faire des achats de quelque importance : du renouvellement, par exemple, d'une partie du mobilier du chalet; qu'ils les consultent, soit sur l'urgence de l'acquisition, soit sur l'appropriation des objets qu'on doit se procurer. Il n'y a rien là, certes, que de très-convenable ;

mais, supposer que nous avons entendu appliquer cette disposition de l'article 12 aux objets minimes et de pur entretien, c'est vouloir nous prêter une intention ridicule. Les anciens réglements accordaient aux administrateurs un pouvoir illimité sur ce point ; nous croyons au contraire qu'il doit être restreint dans de justes bornes, et qu'il est naturel que, lorsqu'on veut dépenser l'argent des associés, on consulte préalablement ceux à qui il appartient. Cette mesure suffira souvent pour empêcher trop de précipitation, qui peut amener des discussions et causer des regrets.

§ 2. — D'engager chaque année un fromager, de convenir du gage qu'il recevra et de régler tout ce qui a rapport à son engagement ; de vendre les fromages aux conditions ci-dessus (voir art. 6), de déterminer l'époque où recommencera la fabrication et celle où elle cessera ; le tout sur l'avis des sociétaires ; à cet effet, ils les réuniront pour les consulter et devront se pourvoir de l'autorisation *des deux tiers au moins* des associés. La vente, effectuée après ces formalités, ne pourra être attaquée, et personne n'aura le droit de retenir les pièces de fromages qu'après s'être préalablement entendu avec l'acquéreur.

ARTICLE 4
du traité du 17 juin 1840.

Les prud'hommes ou gérants seront également chargés d'engager le fruitier, de la vente et de la répartition du prix des fromages entre tous les sociétaires, d'après leurs droits, prélèvement sur ce prix des frais de fruitière ; toutefois, ils ne pourront vendre les fromages qu'après avoir *recueilli l'avis des sociétaires.*

ARTICLE 5
du même traité.

Chaque associé sera tenu de porter son lait à la fromagerie dès que les gérants lui en auront donné l'ordre ; ceux-ci fixeront aussi l'époque où les sociétaires devront cesser d'apporter leur lait.

Les échevins sont autorisés à faire la vente des fromages après une assemblée des sociétaires, qui aura lieu avant la vente. Il n'y aura point d'associé qui puisse contrevenir auxdites ventes, sous quelque prétexte que ce soit, à quoi il s'oblige par sa signature.

OBSERVATIONS.

La disposition du nouveau réglement, quant à la nécessité d'obtenir, pour opérer la vente des fromages, le consentement des deux tiers des associés, ne sera pas, sans doute, combattue, puisque l'article 4 du traité de 1840 exigeait *l'avis des sociétaires*, c'est-à-dire de tous, et que l'art. 5 de la délibération de 1846 imposait *aux associés* l'obligation *de signer la vente*.

C'est encore ici l'occasion de faire observer combien étaient peu fondées les critiques des adversaires au sujet de l'article 6 du nouveau réglement, qui exige l'unanimité des suffrages des associés pour fixer l'indemnité à accorder en cas de *vente en bloc*, et pour un seul prix, *des fromages d'hiver et d'été*. Ils ont eu, certes, fort mauvaise grâce de censurer cette clause, eux qui ont exigé le consentement, et même la signature de tous les sociétaires pour rendre la vente valable. En ce cas, un seul associé n'aurait-il pas pu également mettre obstacle à cette vente des fromages en refusant de signer? On a donc attaqué dans le réglement nouveau ce qu'on avait soi-même admis; mais on ne se pique pas d'être conséquent.

Il est essentiel que les principales questions qui intéressent la fromagerie se décident à la majorité; il nous a donc paru que l'autorisation *des deux tiers* des associés, pour que les gérants puissent vendre, était suffisante, et nous avons été moins exigeants que nos adversaires. Par la même raison, il ne fallait pas laisser à la disposition des administrateurs la fixation de l'époque où commencerait la fabrication et celle où elle cesserait, puisque cette décision concerne tous les associés, et qu'il peut y avoir des motifs pour l'avancer ou la retarder; c'est pour cela que nous avons exigé que les administrateurs obtinssent à cet égard l'avis des sociétaires.

§ 3. — De distribuer aux sociétaires le montant du prix de leurs fromages, déduction faite des frais.

La distribution se fera au marc le franc du poids des fromages, et à la fin de chaque fabrication annuelle.

§ 4. — De vérifier ou de faire vérifier la qualité du lait des associés.

Cette vérification aura lieu au moyen de procédés qui seront déterminés par les syndics, de l'avis des sociétaires. La vérification définitive aura lieu, autant que possible, en présence de l'inculpé, ou du moins lorsqu'il aura été dûment averti.

ARTICLE 4
du traité du 17 juin 1840.

Les prud'hommes-gérants seront chargés de la vente et de la répartition du prix des fromages entre les sociétaires, d'après leurs droits.

ARTICLE 5
du même traité.

Chaque associé sera tenu d'apporter son lait à la fromagerie, qui, dans tous les temps, devra être naturel, à peine de tous les dommages et intérêts envers la société.

ARTICLE 6
de la délibération du 19 avril 1846.

Les échevins devront de temps en temps vérifier le lait de chaque associé s'il est bon et bien propre, et la pesanteur requise étant de 10 et 11 degrés de l'aréomètre, aucun lait ne sera reçu qu'à ce degré ; ils se rendront dans la maison des associés pour y voir traire les vaches.

OBSERVATIONS.

Dès qu'il y a des soupçons sur la probité d'un sociétaire, les administrateurs devront procéder à une vérification de son lait, afin de s'assurer, autant que les procédés de l'art peuvent le permettre, s'il n'a pas été altéré ou mélangé avec un autre liquide. En ce cas, il est juste que la personne soupçonnée soit présente ou appelée pour assister à cette vérification, qui consiste à faire traire eux-mêmes les vaches de l'associé prévenu, afin de comparer ce lait avec celui apporté précédemment par lui à la fromagerie, et sur la pureté duquel on a conçu des doutes.

Quant à la pesanteur du lait, on ne doit pas l'indiquer dans un réglement ; elle dépend de tant de circonstances ; car elle est subordonnée à la saison, à l'âge, à la santé, à la constitution de l'animal, et au genre d'aliments et de soins qu'on lui donne, et peut tellement varier, qu'on ne doit pas établir une règle fixe ; ainsi, cette reconnaissance, les moyens d'y parvenir et la fixation du degré de pesanteur du lait, doivent être laissés à l'appréciation des administrateurs.

L'expérience a démontré que le lait est plus consistant à mesure que l'on s'éloigne de l'époque du part ; que celui qui vient le premier quand on trait la vache n'est point semblable au dernier ; que celui-ci est infiniment plus riche en principes que l'autre ; que le lait du matin a plus de qualité que celui du soir, parce que le sommeil de l'animal lui donne plus de perfection, à raison du calme de la nuit ; qu'au printemps et en été le lait est plus séreux, quoique moins épais ; que les plantes facilitent plus ou moins le travail de l'estomac, en donnant plus d'énergie aux organes sécréteurs du lait ; en un mot, le lait produira des résultats plus parfaits lorsque les herbages seront fins, savoureux et aromatiques. Ainsi, de tous ces faits constatés par l'expérience, on doit conclure que la pesanteur du lait n'est pas un signe certain qu'il est naturel, puisqu'on peut la lui donner à l'aide d'autres liquides; au surplus, les fromagers, avec leur longue habitude de voir et de manipuler le lait, reconnaîtront plutôt s'il a été altéré ou mélangé que ne le feraient des chimistes habiles avec tous leurs procédés scientifiques.

§ 5. — Les administrateurs-syndics devront vérifier de temps à autre, dans chaque ménage, les vases et ustensiles servant à déposer le lait, pour s'assurer s'ils sont propres et pour vérifier si personne ne conserve du lait en fraude pour l'écrémer et le porter ensuite à la fromagerie, auquel cas l'amende portée en l'article 3 sera applicable; si les vases et ustensiles sont mal-propres, le contrevenant devra payer une amende de un franc.

ARTICLE 6
de la délibération du 19 avril 1846.

Les échevins devront de temps à autre se rendre dans la maison des associés pour visiter si tous les meubles servant au laitage sont bien propres, comme aussi pour voir s'il n'y a pas de lait en dépôt pour y lever la crème et le porter ensuite, avec de l'autre, à la fromagerie, ce qui occasionne un préjudice considérable.

ARTICLE 8
de la même délibération.

Il est que quand les échevins ou les fromagers feront leur tournée à domicile, les sociétaires dont ils trouveront les meubles servant au laitage mal propres, pas lavés et cuits à l'eau bouillante, entre les neuf et dix heures du matin, seront à l'amende de un franc toutes les fois qu'ils seront trouvés en pareil cas.

OBSERVATIONS.

La propreté et la bonne tenue du lait garantissent la bonne qualité des fromages; ainsi, les visites qui peuvent l'assurer sont indispensables, et il ne faut pas que les administrateurs les négligent ; car aucune partie de l'économie rurale n'exige des soins aussi attentifs et aussi continuels que la laiterie. Si les vases que l'on emploie pour déposer le lait sont mal nettoyés, ont une odeur acide, la plus grande partie peut être perdue, ou l'on n'en retirera que des produits de mauvaise qualité.

Pourquoi les Hollandais fabriquent-ils des fromages si supérieurs? C'est que leurs laiteries sont tenues avec une propreté admirable; que leurs ustensiles sont aussi nets, aussi purs, que les vases les plus polis. C'est un exemple à suivre dans les montagnes, où il n'existe pas cette recherche de propreté, parce que l'on n'exerce pas une surveillance assez active, qui seule, cependant, peut l'amener.

§ 6.—Les administrateurs-syndics auront le droit de faire des réglements pour la police intérieure du chalet; ils seront chargés de la conservation des ustensiles de cet établissement, de procurer le lit et la nourriture des fromagers d'après les conditions de son engagement.

Il n'existe pas de dispositions pareilles dans les délibérations, mais elles nous ont paru nécessaires.

Ces réglements doivent être conçus, dans l'intérêt de tous les associés, pour assurer la bonne administration de la fromagerie, mettre obstacle aux abus et veiller à l'exécution du traité et des délibérations qui lui servent de complément, en garantissant les droits de tous les intéressés.

§ 7.—Les syndics fixeront le tour de fabrication par la haute taille, et à la fin de l'année, ceux des associés qui auraient avancé du lait, en seront payés en raison du prix des fromages, et le trésorier, en faisant la retenue aux emprunteurs, aura soin qu'elle ne soit jamais inférieure à la valeur réelle.

Cette clause est nouvelle; mais, comme elle est fondée sur un usage bien établi, il était utile de l'insérer dans le nouveau réglement.

§ 8.— A l'expiration de chaque année les syndics devront rendre compte de leur gestion, en présence des associés, et justifier par pièces leurs dépenses.

ARTICLES 2 ET 7
du traité du 17 juin 1840.
La société indemnisera les syndics de tous leurs frais, démarches et avances dûment justifiés.

Les prud'hommes devront être nommés au 1er décembre de chaque année, époque où ils devront rendre leurs comptes.

ARTICLE 15.
Il devait comprendre les noms des administrateurs-gérants qu'on devait nommer, conformément à l'article 11 ci-dessus.

Article 14.

Seront associés tous les signataires du présent réglement, et ceux qui, bien que n'étant pas dénommés en tête, voudront faire partie de la présente association et en accepteront les clauses et conditions.

Quant aux personnes qui n'ont pas été portées dans l'acte du 17 juin 1840, ou qui n'auraient à faire valoir ni le titre de successeur ou de fermier, elles paieront la somme de 1 fr. par chaque 50 kilog. de fromages fabriqués pour leur compte, à moins que tous les sociétaires, sans exception, ne soient d'avis de les admettre sans cette charge ; le montant desdites sommes servira aux frais de fabrication des fromages des autres sociétaires ; en tout cas, ils ne seront admis que pour une année seulement, et devront, pour être reçus, obtenir les trois quarts des suffrages des associés.

Article 8
du traité du 17 juin 1840.

Nul ne pourra entrer dans ladite société sans avoir été au préalable admis par la majorité des sociétaires, et sans avoir satisfait à tous les frais que les sociétaires seront tenus de solder pour la construction et l'ameublement du chalet.

On lit aussi, à la fin de la délibération du 9 novembre 1843, cette clause :

Il a été convenu en outre que tous les particuliers qui ne sont pas associés, qui ont mêlé du lait à ladite fromagerie, paieront une somme de 4 fr. par 100 kilog., qui seront employés jusqu'à ce jour à la confection du chalet, et à l'avenir pour les frais de fabrication des fromages ; et nous autorisons les échevins de cette fromagerie à retenir auxdits associés l'argent d'après les fromages qu'ils ont faits et qu'ils feront à l'avenir.

OBSERVATIONS.

On n'avait point pu se méprendre sur le sens de ce dernier article du réglement proposé ; il ne concernait que les personnes ayant refusé de le signer, et non les étrangers ; car il était inutile de dire, dans cet acte, que les propriétaires de terres situées dans la circonscription de la fromagerie devaient seuls en faire partie ; chacun sait qu'il n'est pas d'usage d'admettre dans une association de ce genre les propriétaires d'une autre commune ou section de commune, à moins que le nombre de vaches qui dépendent de cette même association ne soit pas suffisant, et que le transport du lait ne puisse pas causer un retard à raison de la proximité de leurs habitations ; mais c'est alors une exception qui a été prévue dans le traité de 1840, puisque l'article 8, que nous avons déjà cité, dispose que l'on ne pourra entrer dans l'association sans avoir préalablement été admis par la majorité des sociétaires, et sans avoir payé sa part des constructions du chalet et de son ameublement.

L'article 14 du nouveau réglement impose en outre une rétribution, à titre d'indemnité, d'un franc par quintal métrique de fromages fabriqués pour le compte de l'étranger que l'on admettrait, en donnant aux sociétaires le pouvoir de l'en affranchir. Au contraire, la délibération de 1843 avait porté ce droit à 4 fr. par 100 kilog. Il nous a paru trop élevé, puisque, exerçant en ce cas une véritable fraternité, il était juste que l'association obtînt un dédommagement, mais ne fît pas une spéculation.

Ceux qui avaient stipulé dans le contrat de 1840, et leurs successeurs, ne pouvaient être assujettis à ce droit, puisqu'ils avaient tous participé à l'établissement du chalet, qui était devenu partie intégrante de leurs propriétés, comme objet attaché à perpétuelle demeure. Avant sa construction, leurs aïeux avaient déjà fait partie de la même association, dont l'origine dérive de la nature des propriétés et de leur situation exceptionnelle; aussi n'a-t-elle eu lieu que pour en assurer davantage la perpétuité. Il résulte donc de ce traité spécial de 1840 une convention réciproque, qui oblige les associés à apporter leur lait au chalet établi pour assurer le maintien de cette espèce d'industrie, inhérente aux régions des hautes montagnes, et accorde dès-lors à chacun d'eux une action contre ceux qui ne voudraient pas exécuter leurs engagements. Cette convention est irrévocable, et on ne pourrait s'affranchir des obligations qu'elle impose sans indemniser les associés, s'il n'y avait plus assez de lait. Le même acte contient en second lieu, les règles d'une association qui peuvent être modifiées suivant les besoins, les circonstances et l'intérêt des sociétaires.

Nous venons de retracer, peut-être trop longuement, les faits qui ont donné lieu à la demande en licitation si brusquement intentée, et d'une manière si peu réfléchie; mais la question à décider est grave et peut avoir des suites incalculables; d'ailleurs, cette matière est trop peu familière et sort des habitudes et des règles ordinaires; il était donc nécessaire d'entrer dans de plus grands développements pour que l'on pût apprécier à leur juste valeur la cause et les motifs de l'instance engagée par nos adversaires. Cette affaire n'avait point été présentée sous son véritable jour dans la localité, où l'on s'est efforcé d'égarer jusqu'à présent l'opinion publique en lui cachant la vérité, afin de donner des préventions défavorables. Le seul rapprochement des dispositions du nouveau réglement de celles contenues dans les délibérations prises pour ajouter aux conditions du traité de 1840, suffira pour faire cesser cette calomnie ; que nous avions voulu, en proposant un nouveau réglement, faire tomber la fromagerie ou la diriger seuls ; invention d'autant plus absurde que nous nous serions portés le préjudice le plus grand en anéantissant nos propres ressources, et qu'en remettant à l'appréciation de la majorité toutes les questions importantes à décider, il ne pouvait jamais y avoir de notre part d'administration exclusive et arbitraire, comme auparavant. Les personnes qui ont signé ce réglement pourront à présent reconnaître si elles n'ont pas été trompées lorsqu'on leur a dit que ce réglement était contraire à leurs intérêts et cachait un piége. Quelle nouvelle ruse emploiera-t-on à présent qu'on l'a fait connaître au public ? Tout homme impartial ne jugera-t-il pas que notre unique but a été de maintenir l'association, tout en faisant cesser l'arbitraire et en mettant un terme aux intrigues personnelles et aux abus d'autorité, tandis que d'autres ne l'ont attaqué que dans l'espoir de les perpétuer à leur profit ? Nous n'avons cherché, en réunissant dans un seul acte plus précis des dispositions éparses, mal conçues et contradictoires, dont il était par conséquent plus facile de paralyser l'exécution, qu'à faire cesser une administration exclusive, à sauvegarder les droits et les intérêts de tous les associés, et à les soustraire à l'omnipotence d'un parti. Il faudrait être bien peu clairvoyants pour continuer à s'y soumettre ; car elle se manifeste dans toutes les circonstances ; récemment encore elle a éclaté pour obtenir le renvoi d'un fromager qui ne voulait pas agir dans l'intérêt de ce parti.

Nous le dirons donc hautement, parce que chacun en sera convaincu : la demande en licitation n'a été que le résultat de la jalousie et de la malveillance ; on ne l'a pas formée dans le véritable intérêt des sociétaires, puisqu'elle occasionnera beaucoup de frais sans utilité, et qu'ils retomberont, en grande partie, sur les propriétaires les moins riches, toujours dupes des manœuvres de ceux qui les exploitent. On n'aura pas même l'excuse de prétendre qu'on a voulu prévenir une mesure en la prenant soi-même ; car on n'avait prononcé le mot de licitation que pour démontrer aux sociétaires qu'il était temps de s'opposer aux entreprises continuelles d'une minorité qui profitait si bien de ses avantages, sous le rapport pécuniaire, pour tout diriger dans son intérêt ; qu'il fallait donc ouvrir les yeux et ne plus se laisser dominer par elle, en s'affranchissant de la dépendance où l'on s'était laissé entraîner par des concessions irréfléchies ; enfin, notre unique but avait été de signaler le danger d'une prochaine dissolution de la fromagerie, s'il n'y avait pas accord entre les associés, pour forcer ceux qui méconnaissaient leurs propres engagements à les exécuter à l'avenir. On devait au moins attendre, pour s'assurer, si l'on effectuerait la menace d'une licitation.

En proposant un réglement général, et aussi complet que peut l'être une convention de ce genre, qui laissait moins de prise à la ruse et à la cupidité, on avait voulu ménager tous les intérêts, garantir tous les droits des agrégés, puisque les clauses qu'il renferme n'ont pour bases que des principes d'équité et de justice. Il reproduisait en grande partie les dispositions du traité de 1840, et celles des délibérations qui l'ont suivi, mais en supprimant les clauses inutiles, les pénalités injustes, et dont on n'avait jamais fait l'application ; il y substituait des obligations précises, des amendes en rapport avec les contraventions, et qui devaient en rendre l'application efficace ; enfin, il posait des bornes aux empiétements d'une autorité qui n'était devenue arbitraire que par la faiblesse et l'ignorance de ceux qui l'avaient laissé établir.

Nous devons encore ajouter que si l'on parvient à commettre dans les fromageries des actes injustes envers une partie des sociétaires, c'est par le motif que l'on tolère des infractions aux réglements, qui doivent être exécutés sans partialité et appliqués avec fermeté, mais avec justice, à tous ceux qui les enfreignent ; c'est parce que l'on ne s'oppose pas avec persévérance aux envahissements successifs et adroitement déguisés d'individus orgueilleux et tenaces, qui se font une étude continuelle d'attirer les petits et les faibles par tous les moyens en leur pouvoir; c'est enfin parce qu'on leur laisse exercer un empire que l'on obtient toujours à force de patience, de souplesse et de prétendus services, dont l'on sait si bien s'indemniser; c'est, dirons-nous encore, en trompant la plupart des associés qu'on les a engagés dans un procès dont les suites seront plus funestes pour les imprudents qui en ont pris l'initiative, que pour ceux à l'instigation desquels ils ont agi. Si ces derniers, pour qui tout est calcul, étaient propriétaires du chalet, ces associés aveugles retomberaient bientôt dans une dépendance plus étroite; car on leur imposerait des conditions plus onéreuses encore, et ils s'apercevraient promptement, s'ils ne l'ont déjà pas reconnu, qu'ils sont tombés dans un piége.

Toutefois, il est vrai que le zèle des véritables provocateurs de la licitation a été stimulé par les encouragements et les suggestions de gens pour qui faire le mal est une satisfaction, et qui ont cédé aux sentiments de basse envie qui les dirigent; mais nous ne voulons pas rappeler des antécédents qui leur ont imprimé des stigmates ineffaçables; ils nous comprendront.

Quelle que soit l'issue d'une entreprise que des hommes honnêtes n'oseraient avouer, puisqu'elle n'a eu pour but que d'exclure des sociétaires vigilants et qui avaient signalé une partie des abus graves qui existent dans la fromagerie des Essarts, à laquelle ont adhéré, sans trop savoir pourquoi, d'autres associés qui étaient incapables de juger si le résultat qu'on leur promettait ne serait pas préjudiciable à leurs intérêts, cette lutte n'en sera pas moins un exemple et un avertissement salutaire pour les membres des autres sociétés fromagères, en même temps qu'elle servira de leçon à ceux à qui nous adressons plus spécialement ces réflexions; elle les éclairera sur les dangers de céder trop facilement à de mauvais conseils, et de faire cause commune avec ceux qui savent toujours profiter de l'avantage de leur position; ils comprendront mieux qu'il faut au moins réfléchir avant de se réunir au plus gros bataillon, et que leur véritable intérêt est de s'entendre pour ne pas se laisser imposer des conditions dont ils ne peuvent calculer les conséquences défavorables; qu'ils doivent au contraire exiger, en attendant des dispositions législatives, que leurs associations soient soumises à des réglements équitables, positifs, et à l'aide desquels ils puissent échapper à l'arbitraire ou combattre une autorité qui voudrait se rendre exclusive : ce sont les seules garanties de l'existence et de la durée des fromageries, en même temps que des droits et des intérêts des habitants des montagnes.

A. BLONDEAU, BOURQUENEY, J.-M. JANNIN.

Besançon, 10 décembre 1850.

www.ingramcontent.com/pod-product-compliance
Lightning Source LLC
Chambersburg PA
CBHW060945050426
42453CB00009B/1138